Nimm dir Zeit
und genieße den Augenblick

NIMM DIR ZEIT

und genieße den Augenblick

Lieblingsrezepte mit Kräutern und Blüten

Hölker Verlag

INHALT

VORSPEISEN UND DIPS

KRÄUTERBUTTER

FÜR 4 PORTIONEN

1 Zwiebel
1 Knoblauchzehe
2 Zweige Thymian
2 Zweige Rosmarin
je 1/3 Bund Schnittlauch, Kerbel und Petersilie
300 g zimmerwarme Butter
1 Spritzer Zitronensaft
Salz

Zwiebel und Knoblauch schälen, fein würfeln und in eine Schüssel geben. Thymian- und Rosmarinzweige waschen, trocken tupfen und die Blättchen bzw. Nadeln abzupfen. Die restlichen Kräuter ebenfalls waschen, trocknen, fein hacken und zufügen. Butter, Zitronensaft und Salz zugeben und alles gründlich vermengen. Die Kräuterbutter abdecken und kalt stellen.

FETA-PILZ-DIP

Die Champignons putzen und fein hacken. In einer Pfanne mit Butter anbraten und abkühlen lassen. Den Fetakäse in eine Schüssel krümeln und mit Crème fraîche und Joghurt verrühren. Zwiebel schälen und in kleine Würfel schneiden, Basilikum und Petersilie abbrausen, trocken schütteln, Blättchen abzupfen und fein hacken.

Zwiebel und Kräuter unter die Creme mischen, dann die Pilze unterrühren und mit Salz, Pfeffer, Chiliflocken und Zitronensaft würzen.

TIPP: Wer mag, kann noch schwarze Oliven in Scheiben zufügen.

FÜR 4 PORTIONEN

100 g Champignons
1 EL Butter
100 g Fetakäse
50 g Crème fraîche
100 g Joghurt
½ rote Zwiebel
3 Stängel Basilikum
4 Stängel glatte Petersilie
Salz
frisch gemahlener schwarzer Pfeffer
½ TL Chiliflocken
etwas Zitronensaft

SOUR CREAM MIT KRÄUTERN

FÜR 8 PORTIONEN

500 g Magerquark
200 g Crème fraîche
1 Zwiebel
1 Bund Petersilie
1 Bund Dill
½ Schale Kresse
1 Bund Kerbel
1 Bund Schnittlauch
2 Knoblauchzehen
3 EL Essig
1 EL Zucker
Salz
bunter Pfeffer

Den Quark zusammen mit der Crème fraîche in eine Schüssel geben und zu einer homogenen Masse verrühren.

Die Zwiebel schälen und in feine Würfel schneiden. Anschließend die Kräuter abbrausen, trocken tupfen und mit einem Messer klein hacken. Die Knoblauchzehen schälen. Zwiebel und Kräuter in die Schüssel geben, die Knoblauchzehen hineinpressen und gut untermengen. Zum Schluss Essig und Zucker zugeben und die Sour Cream mit Salz und buntem Pfeffer abschmecken.

Nimm dir Zeit,
die stillen Wunder zu feiern,
die in der lauten Welt
keine Bewunderer haben.

IRISCHER SEGENSWUNSCH

WILDKRÄUTERSALAT MIT BLÜTEN

FÜR 4 PORTIONEN

Für den Salat:
2 Handvoll Vogelmiere
2 Handvoll Spitzwegerich
6 Handvoll junge Löwenzahnblätter
4 hart gekochte Eier
1 rote Zwiebel
einige Pekannüsse
20 Huflattichblüten
20 Stiefmütterchen
ein paar Veilchen

Für das Dressing:
etwas frischer Oregano
4 EL Kräuteressig
6 EL Olivenöl
Kräutersalz
Pfeffer

Kräuter waschen und trocken schütteln. Die gekochten Eier schälen und in Scheiben schneiden. Die Zwiebel in dünne Ringe schneiden. Alles mit den Nüssen in eine Salatschüssel geben.

Die Blüten bei Bedarf vorsichtig waschen und in einem Sieb abtropfen lassen.

Für das Dressing Oregano hacken und mit den restlichen Zutaten in einer Schüssel verrühren. Über den Salat geben und mit den Blüten garniert servieren.

TIPP: Dazu schmeckt ein noch warmes Roggenbrot.

SALAT MIT ÜBERBACKENEM ZIEGENKÄSE

Den Backofengrill vorheizen. Salat und Kräuter waschen und trocken schleudern. Walnusskerne grob hacken und in eine Pfanne geben und rösten. Leicht salzen, wenden und abkühlen lassen.

Knoblauch schälen und halbieren, Schalotte schälen und in dünne Ringe schneiden. Baguettescheiben unter dem Backofengrill von einer Seite rösten. Herausnehmen und die geröstete Seite mit den Knoblauchhälften einreiben. Ziegenkäse in 8 Scheiben schneiden, auf dem Brot verteilen und 2–3 Min. grillen.

Die Dressing-Zutaten in ein Schraubglas füllen und schütteln. Salat mit Schalottenringen und Walnüssen anrichten. Mit Dressing beträufeln und Ziegenkäse-Baguettes warm darauf verteilen.

FÜR 4 PORTIONEN

Für den Salat:

150 g gemischte Blattsalate und Kräuter

50 g Walnusskerne

Salz

1 Knoblauchzehe

1 Schalotte

8 Scheiben Baguette

1 Ziegenkäserolle à 200 g

Für das Dressing:

6 EL Olivenöl

2 EL Rotweinessig

1 TL Honig

½ TL Dijon-Senf

Salz

Pfeffer

ERBSEN-MINZ-SUPPE

FÜR 4–6 PORTIONEN

1 EL Margarine
3 Schalotten
500 g Erbsen (TK)
300 ml Gemüsebrühe
Salz
Pfeffer
etwas Zitronensaft
½ Bund Minze
200 ml Hafersahne

Margarine in einem Topf zerlassen und geschälte, fein gehackte Schalotten darin andünsten. Erbsen zugeben und kurz mit anschwitzen. Mit Brühe aufgießen, aufkochen und bei geringer Hitze 15 Min. köcheln lassen. Erbsensuppe mit einem Pürierstab fein pürieren. Mit Salz, Pfeffer und Zitronensaft würzen. Minze abbrausen, trocken schütteln, Blättchen abzupfen und in feine Streifen schneiden. Gemeinsam mit der Sahne unter die Suppe heben.

GRÜNER PAPAYASALAT

Papaya schälen, anschließend waschen und in dünne Streifen schneiden. Knoblauch schälen und fein hacken, Chilischote längs aufschlitzen, entkernen und in sehr feine Ringe schneiden. Orange und Limette halbieren und auspressen.

⅔ der Chili mit Knoblauch, Limetten- und Orangensaft sowie Zucker in einer Schüssel gut verrühren. Papaya zugeben. Koriander abbrausen, trocken tupfen, die Blättchen abzupfen und ggf. hacken. Die Hälfte davon untermengen. Mit Salz und Pfeffer würzen. Erdnüsse grob hacken. Zusammen mit Kokosflocken und übrigen Korianderblättchen über den Salat streuen. Restliche Chiliringe in einem Schälchen dazu reichen.

FÜR 4 PORTIONEN

1 grüne Papaya
1 Knoblauchzehe
1 kleine Chilischote
1 Orange
1 Limette
1 EL Rohrzucker
1 Bund Koriander
Salz
Pfeffer
40 g geröstete Erdnüsse
25 g Kokosflocken

Wer *langsam schlendert,*
sieht am meisten
von der Landschaft.

AUS ENGLAND

MINESTRONE

FÜR 4 PORTIONEN

1 Zwiebel
1 Knoblauchzehe
2 Möhren
1 Stange Lauch
150 g Knollensellerie
150 g grüne Bohnen
150 g Erbsen (TK)
2 Tomaten
6 EL Olivenöl
1 l Gemüsebrühe
1 Lorbeerblatt
1 Zweig Thymian
½ Bund Basilikum
150 g Hörnchennudeln
Salz
frisch gemahlener Pfeffer
Paprikapulver

Zwiebel und Knoblauch schälen und fein würfeln. Möhren, Lauch und Sellerie putzen und würfeln. Bohnen putzen und in Stücke schneiden. Erbsen auftauen lassen. Tomaten mit kochendem Wasser überbrühen, häuten, vom Stielansatz befreien und würfeln.

In einem Topf das Öl erhitzen und Zwiebel- und Knoblauchwürfel darin anschwitzen. Das vorbereitete Gemüse zufügen und 5 Min. mitdünsten. Gemüsebrühe angießen, Lorbeerblatt und Thymian in die Suppe geben und ca. 30 Min. garen.

Inzwischen die Basilikumblättchen in Streifen schneiden. 10 Min. vor Ende der Garzeit die Nudeln zur Suppe geben. Lorbeerblatt und Thymian entfernen. Die Suppe mit Salz, Pfeffer und Paprika würzen, auf tiefe Teller verteilen und mit Basilikum bestreut servieren.

GLASNUDELSALAT MIT CHILI-GARNELEN

Garnelen auf 4 Holzspieße stecken. Mit Olivenöl bestreichen und in einer Pfanne von jeder Seite 3–4 Min. anbraten. Mit Salz, Pfeffer und Chili würzen.

Die Glasnudeln in Salzwasser 4–5 Min. garen lassen, kalt abschrecken. Chili und Zitronengras in Streifen schneiden. Koriander abbrausen, trocken tupfen und grob hacken. Chili, Zitronengras und Koriander mit Limettensaft, Zucker und Fischsoße zu einem Dressing verrühren. Zuckerschoten blanchieren und in dünne Streifen schneiden. Zuckerschoten, Erdnüsse und Dressing mit den Nudeln vermengen und mit den Garnelenspießen servieren.

FÜR 4 PORTIONEN

Für die Garnelen:

12 rohe, geschälte Riesengarnelen
2 EL Olivenöl
Salz
Pfeffer
½ TL getrocknete Chiliflocken

Für den Glasnudelsalat:

150 g Glasnudeln
Salz
1 kleine rote Chili
½ Stängel Zitronengras
1 Handvoll Koriander
3 EL Limettensaft
1½ EL Zucker
1 EL Fischsoße
150 g Zuckerschoten
1 Handvoll Erdnüsse

Außerdem:

4 Holzspieße

BRUNNENKRESSESUPPE

FÜR 4 PORTIONEN

500 g Kartoffeln
2 Zwiebeln
2 Bund Brunnenkresse plus etwas zum Bestreuen
100 g Butter
1 l Fleischbrühe
Salz
2 Eier
125 ml Sahne
200 g Weißbrot

Die Kartoffeln schälen und grob würfeln. Zwiebeln schälen und fein hacken. Die Brunnenkresse waschen, die Wurzeln abschneiden und die Blätter von den Stielen trennen. In einem Topf die Hälfte der Butter zerlassen. Die Zwiebeln und die Stiele der Brunnenkresse kurz darin andünsten. Kartoffeln und Brühe zufügen, salzen und alles zum Kochen bringen. 25 Min. köcheln lassen und anschließend pürieren und durch ein Sieb streichen.

Die Eier mit der Sahne verquirlen, zur Suppe geben und kurz darin erhitzen, aber nicht mehr kochen lassen. Das Weißbrot in kleine Würfel schneiden und in einer Pfanne in der restlichen Butter goldgelb rösten. Die Suppe in vorgewärmte Teller füllen, mit Brunnenkresseblättchen bestreuen und die Weißbrotwürfel darauf verteilen.

HAUPT-
GERICHTE

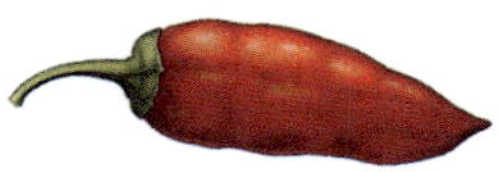

HÄHNCHENSPIESSE MIT LIMETTEN-KRÄUTER-SOSSE

FÜR 4 PORTIONEN

Für die Hähnchenspieße:

6 geviertelte Hähnchenschenkel ohne Haut und Knochen

2 Frühlingszwiebeln

2 Knoblauchzehen

1 Handvoll glatte Petersilie

½ TL Cayennepfeffer

2 EL Zitronensaft

2 EL Olivenöl

Für die Limetten-Kräuter-Soße:

3 EL Limettensaft

2 EL Olivenöl

3 EL fein gehackte glatte Petersilie

2 TL gehackte Thymianblättchen

1 fein gehackte rote Chilischote

3 geputzte, in Ringe geschnittene Frühlingszwiebeln

Außerdem:

8 Holzspieße

Das Fleisch in eine flache Schüssel legen. Frühlingszwiebeln in Ringe schneiden, Knoblauch hacken. Mit Petersilie, Cayennepfeffer, Zitronensaft und Olivenöl zu einer glatten Paste mixen. Die Hähnchenschenkel damit von allen Seiten einreiben. Die Schüssel abdecken und für mind. 6 Std. kalt stellen.

Für die Limetten-Kräuter-Soße alle Zutaten in einer Schüssel verrühren und 125 ml kochendes Wasser zugießen. Nochmals umrühren und die Soße beiseitestellen. Holzspieße ½ Std. in Wasser einweichen. Das Fleisch ½ Std. vor der Weiterverarbeitung aus dem Kühlschrank nehmen. Jeweils 3 Hähnchenstücke auf einen Holzspieß stecken.

Den Grillrost oder die Hotplate des Grills auf hohe Temperatur vorheizen. Die Spieße darauf in 8–10 Min. garen, dabei häufig wenden. Anschließend auf Tellern anrichten und mit der Soße servieren.

TIPP: *Dazu passen frisches Baguette und ein leckerer Tomatensalat.*

FRÜHLINGSCREME MIT SAIBLING

Den Ofen auf 100 °C vorheizen. Die Schalotten schälen und fein würfeln. Olivenöl erhitzen und die Schalotten darin glasig dünsten, den Essig angießen und den Topf vom Herd ziehen. Alle Kräuter waschen und grob hacken, zusammen mit Crème fraîche, den gegarten Schalotten sowie Salz und Pfeffer in einem hohen Gefäß pürieren. Kalt stellen.

Die Fischfilets waschen und trocken tupfen. Auf einen feuerfesten Teller legen, salzen und mit dem Olivenöl sowie Wermut beträufeln. Den Teller mit Alufolie abdecken und die Filets auf mittlerer Schiene ca. 20 Min. garen. Mit der Frühlingscrème servieren.

TIPP: *Kleine Pellkartoffeln schmecken zu diesem Gericht sehr gut.*

FÜR 4 PORTIONEN

Für die Frühlingscreme:

2 Schalotten
4 EL Olivenöl
3 EL Weißweinessig
½ Bund Kerbel
1 Bund glatte Petersilie
2 Stängel Dill
1 Stängel Estragon
200 g Crème fraîche
Salz
schwarzer Pfeffer

Für den Saibling:

4 mittelgroße Saiblingsfilets ohne Haut
Salz
2 EL Olivenöl
2 EL Wermut

WRAP MIT REGENBOGENSALAT

FÜR 6 PORTIONEN

Für den Salat:

150 g Rote Bete
2 Möhren
150 g Weißkohl
1 Birne
½ Bund Minze
½ Bund Petersilie
1 EL Joghurt
½ TL Senf (mittelscharf)
1 EL Zitronensaft
3 TL Apfelessig
2 EL Olivenöl
Salz
Pfeffer

Außerdem:

6 Weizen-Tortillas
50 g Fetakäse

Für den Salat Rote Bete, Möhren, Weißkohl und Birne putzen und alles mit einer Reibe in Streifen raspeln. Minze und Petersilie abbrausen, trocken tupfen, die Blättchen abzupfen und fein hacken. Mit Joghurt, Senf, Zitronensaft, Apfelessig und Olivenöl in einen Schüttelbecher geben, gut schütteln und nach Bedarf etwas mehr Joghurt, Senf oder Zitronensaft zufügen. Mit Salz und Pfeffer würzen.

In einer Schüssel das geriebene Gemüse und die Birne mit dem Dressing vermengen. Den Salat auf die Tortillas verteilen, etwas zerbröselten Fetakäse darüberstreuen, einrollen und genießen.

Manchmal ist das *Wichtigste*
am ganzen Tag *die Pause*,
die wir zwischen
zwei tiefen Atemzügen machen.

ETTY HILLESUM

KRÄUTERWAFFEL-BURGER

Für die Waffeln Schnittlauch abbrausen, trocken tupfen und klein hacken. Mit Eiern, Milch, Quark, Mehl und Backpulver in einer Schüssel gut verrühren, salzen und pfeffern. Waffeleisen einfetten und erhitzen, jeweils 2 Waffeln pro Burger in ca. 3–4 Min. ausbacken.

Inzwischen Salat waschen und verlesen. Danach 120 ml Öl mit Senf, Honig, Salz und Pfeffer verrühren. Salat mit der Vinaigrette vermengen. Die Tomaten waschen und in Scheiben schneiden.

Fleisch mit Salz und Pfeffer würzen und zu vier Pattys formen. Scharf in einer Pfanne mit je 2 EL Öl von beiden Seiten anbraten und warm stellen.

Eine Waffel mit Mayonnaise, Salat, Patty, Gruyère und Tomaten belegen. Mit der anderen Waffel abdecken und warm servieren.

FÜR 4 PORTIONEN

4 Bund Schnittlauch
4 Eier
180 ml Milch
160 g Magerquark
200 g Vollkornmehl
2 TL Backpulver
Salz
Pfeffer
Butter für das Waffeleisen
4 Handvoll Feldsalat
240 ml Olivenöl
40 g Senf
4 TL Honig
4 große Tomaten
800 g Rinderhackfleisch
80 g Mayonnaise
4 Scheiben Gruyère

POLENTA MIT GREYERZER UND PILZEN

FÜR 4 PORTIONEN

200 g Shiitake
200 g Austernpilze
3 Knoblauchzehen
3 EL Olivenöl
Salz
frisch gemahlener schwarzer Pfeffer
½ Bund glatte Petersilie
50 g Greyerzer
400 ml Milch
600 ml Gemüsebrühe
250 g Polenta (Maisgrieß)
1 EL Butter
Quendel-Blüten zum Garnieren

Pilze putzen und je nach Größe halbieren oder vierteln. Knoblauch schälen und sehr fein würfeln. Pilze und Knoblauch in Olivenöl andünsten, mit Salz und Pfeffer würzen und ca. 5 Min. braten. Die Petersilie abbrausen, trocken schütteln und fein hacken, den Greyerzer reiben.

Milch und Gemüsebrühe in einen großen Topf geben und aufkochen. Dann bei geringer Temperatur nach und nach Polenta einrieseln lassen und dabei ohne Unterbrechung rühren. 10 Min. köcheln lassen, bis ein Brei entsteht. Vom Herd nehmen, Greyerzer mit Butter einrühren und die Polenta weitere 15 Min. quellen lassen, dabei ab und zu umrühren. Die Polenta auf Teller verteilen, mit Pilzen toppen und mit Petersilie und Quendel-Blüten garnieren.

ZUCCHINI-SPAGHETTI MIT NUSSIGEM PETERSILIEN-TOPPING

FÜR 4 PORTIONEN

200 g Spaghetti
Salz
300 g Räuchertofu
1 Bund Petersilie
2 große Zwiebeln
2 Knoblauchzehen
1 kg Zucchini
4 EL Olivenöl
Pfeffer
500 ml Hafersahne
Abrieb und Saft von
1 Bio-Zitrone
75 g geschälte Mandeln

Die Spaghetti nach Packungsanleitung in ausreichend Salzwasser kochen. Tofu in kleine Stücke schneiden. Petersilie abbrausen, trocken schütteln, die Blättchen abzupfen und beiseitelegen. Zwiebeln und Knoblauch schälen und gemeinsam mit den Petersilienstängeln fein hacken. Zucchini putzen und mit einem Sparschäler in dünne Streifen schneiden.

2 EL Olivenöl in einer Pfanne erhitzen und den Tofu darin knusprig anbraten. Hitze reduzieren, Zwiebeln, Knoblauch und Petersilienstängel zufügen und kurz mitdünsten. Mit Salz und Pfeffer würzen und mit Sahne ablöschen. Zitronenabrieb und -saft zugeben, aufkochen und bei geringer Hitze etwas eindicken lassen. Zucchini-Streifen mit 2 EL Olivenöl vermengen, in die Soße geben und kurz erhitzen. Die fertigen Spaghetti unterheben. Mandeln und Petersilienblättchen mit einer Prise Salz in einem Mixer zerkleinern und zu den Spaghetti reichen.

GESCHMORTE AUBERGINEN MIT KRÄUTERSALAT

FÜR 4 PORTIONEN

Für die Auberginen:

4 Auberginen
Salz
2 Zwiebeln
3 Knoblauchzehen
3–4 große Tomaten
1 Bund glatte Petersilie
2 milde Peperoni
2 Zweige Thymian
250 ml Olivenöl
1 Prise Zimt
Pfeffer
2 TL Zucker

Für den Salat:

2 Bund Kräuter nach Wahl (z. B. Basilikum, Minze, Koriander, Petersilie oder Estragon)
50 g Rucola
Olivenöl
Saft von 1 Zitrone
Salz
Pfeffer

Die Auberginen der Länge nach mit tiefen Schlitzen einschneiden, die Enden intakt lassen und für 20–30 Min. in einen großen Topf mit Salzwasser geben. Zwiebeln und Knoblauch schälen und hacken. Tomaten waschen und fein würfeln. Petersilie abbrausen, trocken schütteln und fein hacken. Peperoni waschen und ebenfalls fein hacken. Thymian abbrausen, trocken tupfen und die Blättchen abzupfen. Zwiebeln und Knoblauch in einer Pfanne bei niedriger Hitze in 2 EL Olivenöl glasig andünsten. Mit Tomaten, Peperoni, Petersilie, Thymianblättchen und Zimt in einer Schüssel vermengen. Mit Salz und Pfeffer abschmecken.

Auberginen abtropfen lassen und trocken tupfen. In 2 EL Olivenöl bei mittlerer Temperatur in einer großen Pfanne unter häufigem Wenden ca. 8 Min. garen. Abkühlen lassen, an den Schlitzen auseinanderdrücken und mit dem Gemüse füllen. Mit der Füllung nach oben zurück in die Pfanne legen, mit Zucker bestreuen, mit dem restlichen Olivenöl beträufeln und ca. 60 ml Wasser angießen. Zum Sieden bringen, dann den Deckel auflegen und für 1–1 ½ Std. schmoren.

Für den Salat Kräuter und Rucola waschen, trocken schütteln, grob hacken und in einer Schüssel mit Olivenöl und Zitronensaft vermischen. Mit Salz und Pfeffer würzen und mit den Auberginen servieren.

DESSERTS UND DRINKS

HIMBEER-SEMIFREDDO

FÜR 8 PORTIONEN

360 g Himbeeren
1 Vanilleschote
3 Eier
2 Eigelb
225 g Zucker
450 ml Sahne
essbare Blüten zum Garnieren (z. B. Veilchen, Borretsch, Chrysanthemen, Kornblumen)

Himbeeren waschen und pürieren. Vanilleschote längs aufschlitzen und das Mark herauskratzen. Eier, Eigelbe, Vanillemark und Zucker über dem heißen Wasserbad in 4–5 Min. cremig aufschlagen. Vom Wasserbad nehmen und so lange weiterschlagen, bis die Masse abgekühlt ist.

Sahne steif schlagen und unterrühren. 500 g der Masse abnehmen und mit den pürierten Himbeeren mischen. Den Rest in eine Form füllen und die Himbeermasse in Streifen darauf verteilen. Mind. 4 Std., besser über Nacht, im Gefrierfach fest werden lassen.

Himbeer-Semifreddo mit essbaren Blüten garniert servieren.

EXOTISCHER OBSTSALAT MIT ESSBAREN BLÜTEN

Das Obst putzen und in mundgerechte Stücke würfeln. In eine Schüssel geben. Pfeffer vorsichtig direkt aus der Mühle zugeben. Anschließend den Honig über dem Obstsalat verteilen. Minze abbrausen, trocken tupfen und die Blättchen abzupfen. Obstsalat mit Minze und den Blüten garniert servieren.

TIPP: *Der Pfeffer unterstreicht das Aroma der Früchte und die Süße des Honigs gleicht die Schärfe des Pfeffers aus. Aber auch ohne Pfeffer schmeckt der Obstsalat wunderbar sommerlich.*

FÜR 4 PORTIONEN

2 Bananen
3 Scheiben frische Ananas
100 g Trauben
½ Netz- oder Cantaloupe-Melone
1 aromatischer Apfel
1 Birne
1 reife Mango
1 Orange
2 Kiwis
frisch gemahlener schwarzer Pfeffer
4 EL Honig
2 Stängel Minze zum Garnieren
Thai-Basilikum-Blüten zum Garnieren
Kamilleblüten zum Garnieren

SHORTBREAD MIT ZITRONEN-ORANGEN-GELEE

FÜR 12 STÜCK UND CA. 4 GLÄSER GELEE

Für das Gelee:

½ l frisch gepresster Zitronensaft

½ l frisch gepresster Orangensaft

1 kg Gelierzucker Extra

1 Pck. Gelierpulver (25 g)

einige Stängel Zitronenmelisse

Für das Shortbread:

250 g Butter

125 g Puderzucker plus etwas zum Bestäuben

250 g Mehl

125 g Maismehl

Fett für die Form

Außerdem:

4 Einmachgläser à 450 g

Für das Gelee beide Säfte in eine Schüssel füllen und mit Gelierzucker und -pulver verrühren. Mit Frischhaltefolie abdecken und für 1 Std. in den Kühlschrank stellen. Währenddessen die Zitronenmelisse abbrausen, trocken tupfen, die Blättchen von den Stängeln zupfen und fein hacken.

Die Fruchtsaft-Zucker-Mischung in einen Topf füllen und aufkochen. Unter ständigem Rühren 2 Min. sprudelnd kochen lassen. Vom Herd nehmen und die Zitronenmelisse unterrühren. Sofort in heiß ausgespülte Gläser füllen und gut verschließen.

Für das Shortbread den Ofen auf 150 °C vorheizen. Die Butter mit dem Zucker schaumig rühren, bis die Masse hellgelb ist. Mehl und Maismehl unterheben und alles gründlich vermengen, bis ein glatter Teig entstanden ist. Eine eckige Backform von ca. 15 x 15 cm gründlich einfetten und den Teig ca. 2 cm hoch hineinstreichen. Den Teig mit einer Gabel mehrmals einstechen und im vorgeheizten Ofen in ca. 50 Min. goldgelb backen. Etwas abkühlen lassen, mit Puderzucker bestäuben und in 12 kleine Rechtecke schneiden. Mit dem Gelee bestreichen und servieren.

Der *große Reichtum*
unseres Lebens,
das sind die
kleinen Sonnenstrahlen,
die jeden Tag
auf unseren Weg fallen.

HANS CHRISTIAN ANDERSEN

ERDBEER-GRANITA

Erdbeeren putzen und in Würfel schneiden. Die Erdbeerwürfel in einen Standmixer geben und mit 75 g Zucker bestreuen. Den Zitronensaft ebenfalls in den Mixer geben. Dann alles fein pürieren und für ca. 20 Min. kalt stellen.

Anschließend in die Eismaschine füllen und ca. 45 Min. rühren lassen.

Das Eis zügig in Schälchen füllen. Die Minze von den Stielen befreien, fein hacken und über das Eis streuen. Den restlichen Zucker ebenfalls aufstreuen und rasch servieren.

FÜR 4 PORTIONEN

750 g aromatische Erdbeeren

90 g feiner Zucker

Saft von 1 Zitrone

2 Stängel Minze

VANILLECREME MIT KORIANDERZUCKER

Koriander waschen und die Blättchen abzupfen. Die Limette heiß waschen und die Schale fein abreiben. Mit dem Koriander und Zucker in einem Mixer mixen. Korianderzucker beiseitestellen.

Eigelbe und Zucker über dem heißen Wasserbad schlagen, bis sich der Zucker aufgelöst hat. Eine Backform ca. 2 cm hoch mit Wasser füllen. Den Backofen auf 120 °C vorheizen.

Die Vanilleschote aufschlitzen und das Mark unter die Eimischung rühren. Die Schote in einem kleinen Topf zusammen mit der Milch aufkochen und etwas abkühlen lassen. Dann die Vanillemilch und die Sahne mit der Eimischung gut vermengen. Durch ein Sieb gießen und auf 4 feuerfeste Förmchen verteilen. Diese in die Backform mit Wasser stellen und für 50–60 Min. in den Ofen geben. Anschließend die Vanillecreme gut durchkühlen lassen. Mit dem Korianderzucker bestreuen und servieren.

FÜR 4 PORTIONEN

Für den Korianderzucker:

1 Bund Koriander
Abrieb von 1 Bio-Limette
6 EL Rohrzucker

Für die Vanillecreme:

4 frische Eigelb
50 g Zucker
1 Vanilleschote
250 g Vollmilch
150 ml Sahne

TIPP: Wem Koriander nicht schmeckt, kann auch mit der gleichen Menge Minze leckeren Minzezucker herstellen.

HOLUNDER-PANNACOTTA

Holunderbeeren verlesen und waschen. Für die Creme 200 g Beeren mit 50 g Zucker und 1 EL Zitronensaft in einem Topf bei mittlerer Hitze 5 Min. kochen lassen, gelegentlich umrühren. Mit Sahne aufgießen, kurz aufkochen und mind. 10 Min. abkühlen lassen. In der Zwischenzeit Gelatine 10 Min. in kaltem Wasser einweichen. Beerensahne durch ein feines Sieb gießen. Gelatine ausdrücken und in die heiße Sahne rühren. Pannacotta in vier Gläser füllen und im Kühlschrank mind. 4 Std. fest werden lassen.

Für den Sirup die restlichen Beeren in einem Topf mit 25 g Zucker, 1 EL Zitronensaft, Vanillezucker und 100 ml Wasser 5 Min. köcheln lassen. Holundermischung durch ein Sieb gießen, im Topf bei mittlerer Hitze erneut ca. 7 Min. einkochen lassen. Abkühlen lassen und kalt stellen.

Pannacotta mit Sirup beträufeln und mit Gänseblümchen garniert servieren.

FÜR 4 PORTIONEN

375 g Holunderbeeren (ca. 30 Dolden)
75 g Zucker
2 EL Zitronensaft
350 ml Sahne
2 Blatt Gelatine
3 Pck. Vanillezucker
Gänseblümchen zum Garnieren

GEDECKTE APFELTARTE MIT LAVENDELBLÜTEN

FÜR 1 TARTEFORM

1 Pck. TK-Blätterteig
Fett für die Form
1 EL Ahornsirup
4 große Äpfel
50 g getrocknete Cranberrys
Lavendelblüten zum Garnieren

Blätterteig antauen lassen. Den Ofen auf 200 °C vorheizen. Eine Tarteform einfetten und mit dem Sirup einstreichen. Äpfel putzen und in ca. 1 cm dicke Scheiben schneiden.

Die Hälfte des Blätterteigs auf die Größe der Form ausrollen und diese damit auskleiden. Äpfel gleichmäßig auf dem Tarteboden verteilen. Cranberrys grob hacken und darüberstreuen.

Restlichen Blätterteig ausrollen und auf die Früchte legen. Leicht andrücken und den überstehenden Teig umklappen (Abschneiden ist nicht nötig).

Die Tarte auf der unteren Schiene ca. 30 Min. backen. Anschließend auf eine Platte stürzen, mit den Lavendelblüten bestreuen und warm servieren.

TIPP: Schmeckt besonders lecker mit Sahne und Vanilleeis.

An einem schönen Tag
im Schatten zu sitzen und
ins Grüne zu schauen,
ist die *wunderbarste* Erfrischung.

JANE AUSTEN

BLÜTENTRAUM-BOWLE

Zitronen und Orangen waschen. Den Saft von einer Zitrone und einer Orange mit Granatapfelsaft, Tonic Water und Wodka in einem großen Glasgefäß vermischen. Blüten und Minze abbrausen, Minzeblättchen abzupfen und zusammen mit den Blüten zur Bowle geben. Restliche Zitrone und Orange in Scheiben schneiden und ebenfalls zur Bowle geben. 1 Std. kalt stellen und vor dem Servieren mit eisgekühltem Mineralwasser aufgießen.

FÜR EINE BOWLE-SCHÜSSEL

2 Bio-Zitronen
2 Bio-Orangen
250 ml Granatapfelsaft
400 ml Tonic Water
500 ml Zitronen-Wodka
5 EL gemischte essbare Blüten (z. B. Gänseblümchen, Lavendel, Salbeiblüten, Veilchen, Vergissmeinnicht)
1 Bund Minze
200 ml Mineralwasser mit Kohlensäure

TIPP: Für Blüteneiswürfel Mineralwasser und essbare Blüten in Eiswürfelbehälter geben und diese ins Kühlfach stellen. Zum Servieren die Gläser mit je 2 Blüteneiswürfeln füllen.

WALD UND WIESE BOWLE MIT FRISCHEM WALDMEISTER

FÜR EINE BOWLE-SCHÜSSEL

2 Bund Waldmeister
2 Stängel Zitronenmelisse
2 EL brauner Zucker
1 EL Waldmeistersirup
2 l Weißwein
1 l Sekt

Waldmeister und Zitronenmelisse abbrausen und trocken tupfen. Zucker, Sirup und Wein in ein großes Glasgefäß geben und rühren, bis sich der Zucker aufgelöst hat. Frischen Waldmeister und Zitronenmelisse kopfüber für 30 Min. in die Bowle hängen, sodass die Schnittstellen der Pflanzen nicht mit der Bowle in Kontakt kommen. Waldmeister und Zitronenmelisse entfernen und die Bowle für 2 Std. kalt stellen. Vor dem Servieren mit gekühltem Sekt auffüllen.

ROSMARIN-HONIG-COCKTAIL

Je 1 TL Honig mit 2 TL Wasser vermischen. Für zwei Cocktails einen Cocktail-Shaker mit Crushed Ice auffüllen, 8 cl Wodka, die Hälfte des Honigwassers, 2 Prisen Salz, 120 ml Grapefruit- und 40 ml Limettensaft zufügen und kräftig schütteln. Cocktail in gekühlte Longdrinkgläser abseihen und mit je einem Rosmarinzweig garnieren. Für zwei weitere Cocktails ebenso verfahren.

FÜR 4 COCKTAILS

4 TL Orangenblütenhonig
Crushed Ice
16 cl Wodka
Salz
240 ml Grapefruitsaft
80 ml Limettensaft
4 Zweige Rosmarin

REZEPTREGISTER

ZUTATENREGISTER

ZUTATENREGISTER

ÜBER DIE FOTOGRAFIN

Über den traditionellen Sonntagskuchen entdeckte Annalena Bokmeier ihre Liebe zum Backen. Von klein auf experimentierte sie gern in der Küche, geprägt von Mamas Kochkunst und dem heimischen Gemüsegarten. Mit ihrem Foodblog „Hey Foodsister“ kam das Interesse an der Fotografie. Inzwischen kreiert sie beruflich Rezepte, Fotos und Videos rund ums Kochen und Backen.

FSC www.fsc.org MIX Papier | Fördert gute Waldnutzung FSC® C022120

Mineralöl freie Druckfarbe

5 4 3 2 1 28 27 26 25 24

978-3-7567-1022-5

Fotografie: Annalena Bokmeier, www.heyfoodsister.de
Lektorat: Claudia Pastors
Layout und Satz: Stefanie Wawer
Redaktion: Nicola-Kim Raschdorf
Herstellung: Dana Günther
Litho: FSM Premedia GmbH & Co. KG, Münster

Wir bedanken uns herzlich bei Connis Töpferei, www.connis.de, für die zur Verfügung gestellten Requisiten.

www.hoelker-verlag.de

Für mehr Rezepte, Inspirationen und Einblicke aus dem Verlag folgen Sie auch unserem **Instagram-Kanal: @hoelkerverlag**